BEI GRIN MACHT SICH
WISSEN BEZAHLT

- Wir veröffentlichen Ihre Hausarbeit,
  Bachelor- und Masterarbeit

- Ihr eigenes eBook und Buch -
  weltweit in allen wichtigen Shops

- Verdienen Sie an jedem Verkauf

Jetzt bei www.GRIN.com hochladen
und kostenlos publizieren

Wolfgang Theophil

Leistungsvergleich Apple AppStore und Android Market

GRIN Verlag

Bibliografische Information der Deutschen Nationalbibliothek:

Die Deutsche Bibliothek verzeichnet diese Publikation in der Deutschen National-
bibliografie; detaillierte bibliografische Daten sind im Internet über http://dnb.d-
nb.de/ abrufbar.

Dieses Werk sowie alle darin enthaltenen einzelnen Beiträge und Abbildungen
sind urheberrechtlich geschützt. Jede Verwertung, die nicht ausdrücklich vom
Urheberrechtsschutz zugelassen ist, bedarf der vorherigen Zustimmung des Verla-
ges. Das gilt insbesondere für Vervielfältigungen, Bearbeitungen, Übersetzungen,
Mikroverfilmungen, Auswertungen durch Datenbanken und für die Einspeicherung
und Verarbeitung in elektronische Systeme. Alle Rechte, auch die des auszugsweisen
Nachdrucks, der fotomechanischen Wiedergabe (einschließlich Mikrokopie) sowie
der Auswertung durch Datenbanken oder ähnliche Einrichtungen, vorbehalten.

Impressum:

Copyright © 2011 GRIN Verlag GmbH
Druck und Bindung: Books on Demand GmbH, Norderstedt Germany
ISBN: 978-3-656-33969-4

Dieses Buch bei GRIN:

http://www.grin.com/de/e-book/206863/leistungsvergleich-apple-appstore-und-
android-market

GRIN - Your knowledge has value

Der GRIN Verlag publiziert seit 1998 wissenschaftliche Arbeiten von Studenten, Hochschullehrern und anderen Akademikern als eBook und gedrucktes Buch. Die Verlagswebsite www.grin.com ist die ideale Plattform zur Veröffentlichung von Hausarbeiten, Abschlussarbeiten, wissenschaftlichen Aufsätzen, Dissertationen und Fachbüchern.

Besuchen Sie uns im Internet:

http://www.grin.com/

http://www.facebook.com/grincom

http://www.twitter.com/grin_com

FOM Fachhochschule für Ökonomie und Management

Dortmund

Berufsbegleitender Studiengang zum

Bachelor of Science (Wirtschaftsinformatik)

5. Semester

Seminararbeit im Schwerpunktfach (E-Business und Mobile Computing)

Leistungsvergleich Apple App Store und Android Market

Autor: Wolfgang Theophil

Dortmund, den 21. Dezember 2012

Inhaltsverzeichnis

Abkürzungsverzeichnis

App	Kurzform für Applikation
bzw.	beziehungsweise
NWA	Nutzwertanalyse
OS	Operating System
SDK	Software Development Kit

Abbildungsverzeichnis

1 Einleitung

1.1 Problemdarstellung

Auf Grund der aktuellen Entwicklungen auf dem Mobilfunkmarkt, nehmen sowohl das mobile Internet, als auch die damit verbundenen Geräte einen immer höheren Stellenwert ein, da ihr Marktanteil gegenüber den konventionellen Geräten stetig steigt. Die meisten dieser modernen Smartphones werden hierbei mit einem Hersteller- bzw. Betriebssystemspezifischem mobilen Application Store ausgeliefert, von denen der bekannteste wohl der App Store von Apple ist. Seit der Markteinführung des App Stores sind mittlerweile über 10 Milliarden Applikationen heruntergeladen worden. Obwohl viele Applikationen kostenlos angeboten werden und die meisten kostenpflichtigen Apps sich im Niedrigpreissegment befinden, handelt es sich hier um einen großen gewinnbringenden Markt mit hohem Wachstumspotential. Genau diese Tatsachen machen es für die Anbieter zu einer Herausforderung nicht nur das Angebot und die Qualität der Apps möglichst hoch zu halten, sondern auch für eine angemessene Präsentation durch den Application Store zu sorgen.

Für den Anwender hingegen ist die Benutzung von Apps nicht bloß eine zusätzliche Option für sein Smartphone, sondern bereits ein wesentlicher Faktor für eine Kaufentscheidung. Genau aus diesem Grund werden in der vorliegenden Arbeit, die derzeit wohl am stärksten miteinander konkurrierenden Stores, der App Store von Apple und der Android Market, miteinander verglichen.

1.2 Zielsetzung und Aufbau

Ziel dieser Seminararbeit ist es den Apple App Store und den Android Market zu vergleichen. Der Vergleich wird anhand einer fiktiven Ausgangssituation vorgenommen, in der ein Benutzer den Kauf eines neuen Smartphones, in letzter Instanz vom Store abhängig macht. Die beiden in Frage kommenden Geräte stehen bereits fest und es soll nun noch mittels der Nutzwertanalyse darüber entschieden werden, welcher Mobile Application Store am ehesten den Anforderungen des Benutzers gerecht wird. Da es sich um einen Vergleich anhand einer fiktiven Ausgangssituation und nicht um einen vollständigen funktionalen und technischen Vergleich der beiden Alternativen handelt, führt das Endergebnis nicht zu einer allgemeingültigen Empfehlung.

2 Grundlagen

In diesem Abschnitt erfolgt eine Vorstellung der beiden zu vergleichenden Alternativen. Außerdem wird das Verfahren der Nutzwertanalyse kurz erläutert, um die Vorgehensweise der Seminararbeit zu erklären.

2.1 Apple App Store

Der App Store der Firma Apple ist eine Software, mit der Programme und Spiele in Form von Apps aus dem iTunes Store heruntergeladen werden können. Die Software gehört zur Standardausstattung der Geräte iPhone, iPod Touch und iPad, auf denen sie bei der Auslieferung als vorinstallierte Komponente vorzufinden ist.[1] Die erste Version des App Stores ist am 11. Juli 2008 mit der Markteinführung des iPhone 3G auf dem Markt gekommen. Zum Verkaufsstart umfasste der App Store 500 Apps, von denen über 125 kostenlos zur Verfügung standen.[2] Laut aktuellen Angaben der Firma Apple stehen aktuell über 350.000 Apps zur Verfügung, von denen über 60.000 native Apps für das iPad sind. Die Anzahl der Downloads von Apps aus dem Store hat am 22. Januar 2011 die Marke von 10 Milliarden Downloads überschritten, was von Apple selbst mit einem 10.000 $ Geschenkgutschein belohnt wurde.[3] Zur Entwicklung eigener Apps bietet Apple auf der Seite http://developer.apple.com ein SDK zum Download an. Die Registrierung zur Nutzung zum Vertrieb eigener Apps kostet jährlich 99 US-Dollar. Anschließend kann der Entwickler den Preis für seine Apps selbst festlegen. Apple verlangt für kostenpflichtige Applikationen eine Gewinnbeteiligung von 30 % pro verkaufter App.[4]

Abbildung 1: Logo des Apple App Store

---

[1] Vgl. Wikipedia – AppStore (2011)
[2] Vgl. Apple.com - iPhone 3G on Sale Tomorrow (2008)
[3] Vgl. Heise.de - Zehnmilliardster App-Download in Apples App Store (2011)
[4] Vgl. Apple Developer - iOS Developer Program (2011)

2.2 Android Market

Der Android Market ist eine von Google entwickelte Software, mit der Programme und Spiele für Smartphones mit Android Betriebssystem heruntergeladen werden können. Die zur Verfügung stehenden Apps stammen hierbei fast ausschließlich von Drittunternehmen und freien Programmierern, die den Market nutzen um ihre Software zu vertreiben.[5] Der Android Market ist seit dem 22. Oktober 2008 für die Benutzer von Telefonen mit Android OS zugänglich. Das erste erhältliche Gerät mit einem Zugang zu dem Market war das T-Mobile G1 vom Hersteller HTC. Die Anzahl der verfügbaren Apps bei der Markteinführung belief sich auf etwas über fünfzig Stück.[6] Aktuell sind ungefähr 230.000 Apps über den Android Market erhältlich und es kamen allein im Dezember 2010 27.227 neue Apps hinzu. Die Anzahl der aktuell über den Store heruntergeladenen Applikationen beträgt derzeit 3,157 Milliarden Stück (Stand 26.01.2011).[7] Für die Entwicklung von Apps für das Android Betriebssystem, steht auf der offiziellen Internetseite http://developer.android.com ein kostenloses SDK zum Download zur Verfügung. Um die Apps über den Market zu vertreiben, sieht das Geschäftsmodell von Google eine einmalige Registrierungspauschale von 25 US-Dollar vor. Anschließend kann der Entwickler seine Software über den Marktplatz veröffentlichen und dabei den Preis für diese selbst festlegen. Google verlangt pro verkaufter App, 30 % der Gewinneinnahmen.[8]

Abbildung 2: Logo des Android Market

---

[5] Vgl. Wikipedia - Android Market (2011)
[6] Vgl. Android Developers - Android Market: Now available for users (2008)
[7] Vgl. AndroLib - Android Application Statistics (2011)
[8] Vgl. Chip.de - Android Market: Der Web-Shop fürs Google-Handy (2008)

2.3 Nutzwertanalyse

Die Nutzwertanalyse wurde unter dem Namen „utility analysis" in den USA entwickelt. Es handelt sich um einen entscheidungstheoretischen Modellansatz, mit dessen Hilfe Auswahlprobleme gelöst werden können. Im deutschsprachigen Raum ist das Verfahren vor allem durch Christof Zangemeister bekannt, der es als erster ausführlich beschrieben hat.[9] Nach Zangemeister lässt sich die Nutzwertanalyse hierbei wie folgt beschreiben: „Die Nutzwertanalyse ist eine Planungsmethode zur systematischen Entscheidungsvorbereitung bei der Auswahl von Projektalternativen. Sie analysiert eine Menge komplexer Handlungsalternativen mit dem Zweck, die einzelnen Alternativen entsprechend den Präferenzen des Entscheidungsträgers bezüglich eines mehrdimensionalen Zielsystems zu ordnen."[10] Die Nutzwertanalyse zeichnet sich also dadurch aus, mehrere Alternativen nicht nur durch objektiv erfasste Daten zu beurteilen, sondern vor allem auch subjektive Werte mit in die Entscheidungsfindung einzubeziehen.[11] Die Nutzwertanalyse besteht aus fünf Verfahrensschritten: Der Zielkriterienbestimmung, der Zielkriteriengewichtung, der Teilnutzenbestimmung, der Nutzwertermittlung und der Beurteilung der Vorteilhaftigkeit.[12]

Bei der Zielkriterienbestimmung werden zunächst die relevanten Kriterien für die Bewertung der Alternativen festgelegt. Hierbei können die Kriterien mittels einer Zielhierarchie entwickelt werden, wobei die Ziele der untersten Stufe, den zu bewertenden Kriterien entsprechen.[13] Für jedes festgelegte Ziel ist eine Messskala erforderlich, „auf der die Zielerreichung auf nominalem, ordinalem oder kardinalem Skalarniveau gemessen werden kann."[14] Die Ziele müssen demnach messbar sein. Neben der Messbarkeit ist darauf zu achten, dass Ziele nicht mehrfach bewertet werden, indem Sie durch mehrere Ziele dargestellt werden.[15] Die letzte Anforderung an die Ziele, ist die Nutzenunabhängigkeit. Sollte es für mehrere Ziele nicht möglich sein, Abhängigkeiten zu beseitigen, so sollten diese zusammengefasst werden.[16]

Im zweiten Schritt der NWA werden den im ersten Schritt gebildeten Zielen, Gewichtsfaktoren zugeordnet. Die Gewichtsfaktoren geben am Ende das Verhältnis der Wichtigkeit, zu den anderen Faktoren an. Laut Litke sollte die Skalierung hierbei möglichst breit gewählt werden,

---

[9] Vgl. Schreiner (2002) , S. 12 f.
[10] Zangemeister (1972), S. 45
[11] Vgl. Litke (2007), S. 138
[12] Vgl. Götze (2008), S. 181
[13] Vgl. Adam (1996, 4. Auflage), S. 414
[14] Götze (2008), S. 181
[15] Vgl. Litke (2007), S. 139
[16] Vgl. Götze (2008), S. 181

damit die Streuung der Ergebnisse aussagekräftig ist.[17] Die Zielkriteriengewichtung kann auf verschiedene Arten erfolgen, von denen hier die direkte und die indirekte Intervallskalierung vorgestellt werden. Bei der direkten Intervallskalierung ordnet der Entscheidungsträger den einzelnen Zielkriterien die Werte aus der Intervallskala so zu, dass sie seine Präferenzen widerspiegeln. Bei der indirekten Skalierung werden die einzelnen Ziele zunächst in eine Rangfolge bezüglich ihrer Wichtigkeit eingeordnet. Anschließend wird beginnend vom unwichtigsten Kriterium, eine Transformierung der Rangziffern in Gewichte durchgeführt, wobei dem unwichtigsten Kriterium eine Eins zugeordnet wird. Bei beiden Methoden sollte eine Normierung der Werte erfolgen, so dass die Summe aller Ziele den Wert 1 oder 100 annimmt. Bei mehrstufigen Hierarchien ist der Schritt der Kriteriengewichtung für jede Hierarchieebene durchzuführen.[18]

Bei der Teilnutzenbestimmung wird in einem ersten Schritt beurteilt wie stark die einzelnen Kriterien pro Alternative ausgeprägt sind. „Für diese Alternative stehen grundsätzlich die nominale, die ordinale und die kardinale Bewertungsmethode zur Verfügung."[19] In einem zweiten Schritt müssen die Messergebnisse, falls nötig, noch einmal in konkrete Teilnutzen transformiert werden.[20] Zur Transformation der Werte stehen, nach Götze, drei Verfahren zur Verfügung, zu denen unter anderem die diskreten Transformationsfunktionen und die schrittweise-konstanten Transformationsfunktionen zählen.[21] Die folgende Darstellung zeigt ein Beispiel für eine diskrete Transformationsfunktion, zur Umwandlung einer Ordinalskala in konkrete Teilnutzen.

Zielerreichungsklassen	Teilnutzenwerte
Gut	10 Punkte
Befriedigend	5 Punkte
Ungenügend	0 Punkte

Abbildung 3: Diskrete Transformationsfunktion[22]

Die Nutzwertermittlung dient nachdem die Teilnutzen ermittelt wurden, nun zum Verdichten der gewonnenen Werte, zu einem Gesamtnutzen für die verschiedenen Alternativen. Die Vorgehensweise wird im Folgenden durch ein Beispiel demonstriert, bei dem anhand von drei Kriterien über die Wahl eines Standortes entschieden werden soll:

---

[17] Vgl. Litke (2007), S. 140
[18] Vgl. Götze (2008), S. 182
[19] Adam (1996, 4. Auflage), S. 418
[20] Vgl. Litke (2007), S. 140
[21] Vgl. Götze (2008), S. 183
[22] Litke (2007), S. 141

Zielkriterium	Gewichtung	Zielerreichungsklassen	Teilnutzenwert
Z1 Grundstücksgröße (in m²)	0,3	10.000 - 12.000 12.000 - 14.000 > 14.000	1 2 3
Z2 Nächster Autobahnanschluss (km)	0,2	40 - 30 30 - 20 < 20	1 2 3
Z3 Entfernung zum Großkunden (km)	0,5	1.000 - 700 700 - 400 < 400	1 2 3
Summe	1		

Abbildung 4: Beispiel Zielsystem[23]

Auf Grundlage des Zielsystems werden die Teilnutzenwerte der einzelnen Standorte ermittelt.

	Zielkriterium 1	Zielkriterium 2	Zielkriterium 3
Standortalternative S1	1	2	1
Standortalternative S2	1	1	3
Standortalternative S3	3	1	1

Abbildung 5: Matrix der Zielerreichungsgrade[24]

Sind alle Teilnutzenwerte ermittelt, wird abschliessend der Gesamtnutzen für die zu bewertenden Alternativen errechnet. Hierzu wird jeweils der ermittelte Zielerreichungsgrad mit dem entsprechenden Gewichtungsfaktor des Kriteriums multipliziert. Die Summe der Werte ergibt dann den Gesamtnutzen der einzelnen Alternative, die dann in eine Rangfolge eingeordnet wird, wie in Abbildung 6 dargestellt.[25]

	Z1	Z2	Z3	Summe	Rang
S1	0,3	0,4	0,5	1,2	3
S2	0,3	0,2	1,5	2,0	1
S3	0,9	0,2	0,5	1,6	2

Abbildung 6: Bewertete Alternativen[26]

Im letzten Schritt der Nutzwertanalyse kann nun die Vorteilhaftigkeit der einzelnen Alternativen gemäß dem erstellten Zielsystem bestimmt werden.[27]

---

[23] Litke (2007), S. 141
[24] Litke (2007), S. 142
[25] Vgl. Litke (2007), S. 141
[26] Litke (2007), S. 142
[27] Vgl. Götze (2008), S. 183

3   Nutzwertanalyse

3.1   Problemdefinition

Die Bewertung der beiden Marktplätze soll aus der Sicht des Handybenutzers John Doe erfolgen. John hat vor sich ein Smartphone zu kaufen, um in Zukunft die Möglichkeiten des mobilen Internets und der Location-based Services nutzen zu können. John hat bereits eine vielzahl von Testberichten und Handyvergleichen gelesen und sich daraufhin dafür entschieden, sich entweder ein iPhone 4 oder ein HTC Desire zu kaufen. Da die technischen Daten der für ihn in Frage kommenden Telefone seine Kaufentscheidung jedoch nicht hinreichend beeinflussen konnten, hat er nun vor, die mobilen Marktplätze der beiden Geräte miteinander zu vergleichen. Auf diese Weise möchte er das Gerät, mit dem für ihn größeren Nutzen ermitteln und eine Kaufentscheidung treffen.

Bei der Bewertung der beiden in Frage kommenden Alternativen legt John Doe Wert auf die Darstellung und den Aufbau des Mobile Application Stores. Der Store soll seiner Meinung nach übersichtlich aufgebaut und einfach zu bedienen sein.

Außerdem möchte er beurteilen, wie der Markt aufgeteilt ist und wie die Kategorisierung der Apps erfolgt, da er sich schnell und intuitiv in der Vielzahl der zur Verfügung stehenden Programme zurechtfinden möchte.

Neben der Darstellung und Benutzbarkeit des Marktes sind natürlich auch die Applikationen selbst ein Kriterium, das John beurteilen möchte. Hier kommt es ihm vor allem auf die Auswahl und die Qualität der Apps an.

Ein weiterer wesentlicher Punkt bei der Beurteilung ist die Möglichkeit, Bewertungen und Kommentare erstellen und lesen zu können. Auf diese Weise möchte John sich objektiv über Angebote im Markt informieren und auch selbst Software bewerten, die er über den Markt bezieht.

Der letzte wesentliche Punkt für die Beurteilung stellt das Bezahlsystem dar. John ist bereit Geld für Applikationen auszugeben, verfügt allerdings nicht über eine Kreditkarte, so dass alternative Zahlungsmöglichkeiten ein wichtiges Kriterium für ihn darstellen.

3.2   Zielsystem

Im Zielsystem wird beschrieben, welche Kriterien der beiden Alternativen verglichen und bewertet werden sollen. Die einzelnen Kriterien werden hierzu noch einmal kurz erläutert, bevor sie dann im Kapitel 3.4 auf die Alternativen selbst bezogen werden.

	Kriterien	Definition
1	Anmeldung und Zugang	Was muss ich tun um einen Zugang zum Store zu erhalten?
2	Oberfläche	
2.1	Präsentation / Übersichtlichkeit	Wie werden die Apps Präsentiert? Wie übersichtlich ist der Marktplatz?
2.2	Kategorien	Welche Kategorien gibt es und wie sind sie Strukturiert?
2.3	Suche	Wie funktioniert die Suche
2.3	Bewertung / Kommentare	Wie werden Apps bewertet und Kommentiert?
3	Auswahl an Applikationen	
3.1	Arten	Welche Art von Applikationen gibt es?
3.2	Menge und Kosten	Wie viele Apps stehen zur Verfügung und wie viele sind kostenpflichtig?
4	Bezahlkonzept	Wie kann ich die kostenpflichtigen Applikationen bezahlen?
5	Besonderheiten	Was ist noch erwähnenswert im Bezug auf den Marktplatz?

Abbildung 7: Zielsystem

3.3   Gewichtung des Zielsystems

Aus der Aufgabenstellung ergibt sich die folgende Gewichtung für das Zielsystem:

Ziel	Unterziel	Gewichtung des Ziels	Gewichtung des Unterziels
Anmeldung und Zugang		10 %	100%
Oberfläche	Präsentation / Übersichtlichkeit	25 %	50 %
	Kategorien		10 %
	Suche		25 %
	Bewertung / Kommentare		15 %
Auswahl an Applikationen	Arten	30 %	30 %
	Menge und Kosten		70 %
Bezahlkonzept		25 %	100 %
Besonderheiten		10 %	100 %
	Summe	100 %	

Abbildung 8: Gewichtung des Zielsystems

Die Beurteilung der einzelnen Zielkriterien soll für die vorliegende Seminararbeit mittels einer Kardinalskala erfolgen. Die Eins ist hierbei als eine sehr schlechte Wertung und die Zehn als eine sehr gute Wertung festgelegt.

Methode	Wertung
Punkteskala	1 = sehr schlecht 10 = sehr gut

Abbildung 9: Punkteskala

3.4   Beschreibung der Alternativen

3.4.1   Anmeldung und Zugang

Sowohl der Apple App Store, als auch der Android Market sind kostenlos und auf den entsprechenden Endgeräten bereits vorinstalliert. Der Benutzer muss sich nicht um die Installation des Marktplatzes kümmern, sondern nur für den entsprechenden Marktplatz anmelden. Die Anmeldung für den Android Market erfolgt hierbei über einen Googlemail Account, der kostenlos auf der Internetseite von Google angelegt werden kann. Das Konto wird dann beim Personalisieren des Endgerätes direkt mit diesem und somit auch dem vorinstallierten Marktplatz verknüpft. Die Anmeldung an den App Store erfolgt ebenfalls über einen direkt mit dem Telefon verbundenen Account. Es handelt sich hierbei um eine Apple-ID, die direkt auf der Homepage von Apple selbst beantragt werden kann.

Die beiden Alternativen sind somit, in Ihrer Anmeldung beide identisch im Aufwand und den Anforderungen. Da der Aufwand sehr gering ist, erhalten beide Stores eine 10.

3.4.2   Oberfläche

3.4.2.1   Präsentation / Übersichtlichkeit

Die Präsentation der Applikationen im Android Market erscheint auf den ersten Blick sehr übersichtlich. Der Startbildschirm ist am oberen Rand in die drei Punkte „Anwendungen", „Spiele" und „Downloads" aufgeteilt, wobei es sich bei „Downloads" um eine Übersicht der derzeit auf dem Gerät installierten Apps handelt. In der Mitte des Startbildschirms werden zufällig einzelne Kategorien vorgestellt, die dann direkt angeklickt werden können. Im unteren Drittel des Stores werden 15 zufällige Applikationen vorgestellt, die ebenfalls direkt angeklickt werden können. Zusätzlich zu den genannten Punkten ist oben rechts gut sichtbar die Suchfunktion auswählbar.

Im App Store wird die Navigation über eine am unteren Bildrand befindliche Menüleiste gesteuert. Das Menü beinhaltet fünf Punkte. Im ersten Punkt „Highlights", werden dem Benutzer neue Apps vorgestellt. Insbesondere werden hier auch ein „Spiel der Woche" und eine „App der Woche" angezeigt. Der zweite Menüpunkt beinhaltet die Kategorien, die jeweils noch einmal nach meistgekauft, meistgeladen und Datum sortiert werden können. Der dritte Punkt beinhaltet eine Top 25, die nach meistgekauft, meistgeladen und nach Umsatzstärke sortiert werden kann. Die letzten beiden Punkte sind eine Suche und eine Option zum automatischen Aktualisieren der derzeit installierten Apps.

Insgesamt sind beide Stores sehr übersichtlich aufgebaut. Der App Store bietet mehr Sortierroutinen als der Androids. Nachteil des App Store ist allerdings, dass keine Trennung zwischen kostenlos und kostenpflichtig angeboten wird. Außerdem ist im Store nicht ersichtlich welche Apps auf dem Gerät installiert sind. Der Android Market erhält somit eine 9 und der App Store eine 7.

3.4.2.2 Kategorien

Die Kategorien im Market werden direkt auf dem Startbildschirm in Anwendungen und Spiele unterteilt. Im Punkt „Anwendungen" befinden sich derzeit 26 Kategorien. Im Punkt „Spiele" sieben. Auffällig negativ ist hier, dass sich unter dem Punkt „Verkehr" ausschließlich asiatische Buchstaben befinden, mit denen ein deutschsprachiger Endbenutzer nichts anfangen kann.

Der Apple Marktplatz unterteilt seine Applikationen in 20 vorgegebene Kategorien. Die Apps innerhalb der Kategorien lassen sich jeweils noch einmal nach meistgekauft, meistgeladen und Datum sortieren, um dem Benutzer bei der Suche zu unterstützen.

Der AppStore erhält 10 Punkte, da er sehr übersichtlich und zielführend ist. Beim Market erscheinen die vielen Kategorien als sehr sinnvoll, allerdings haben die asiatischen Schriftzeichen den guten Eindruck nachhaltig verschlechtert und so bekommt er 7 Punkte.

3.4.2.3 Suche

In beiden Marktplätzen ist die Suche direkt aus dem Hauptmenü erreichbar und gut sichtbar positioniert. Nach der Eingabe eines Suchbegriffes werden die in Frage kommenden Apps in Form einer Liste angezeigt. Durch Auswählen der App, können weitere Informationen abgerufen, oder diese installiert werden. Während die Suche im Android Market lediglich vorhergehende Suchbegriffe zur Autovervollständigung benutzt, wird bei Apple eine Autovervollständigung über alle im App Store vorhandenen Applikationen vorgenommen.

Der App Store erhält durch die Vervollständigung 10 Punkte und die Android Alternative 8 Punkte.

3.4.2.4 Bewertungen / Kommentare

Die Benutzer des Android Market haben jederzeit die Möglichkeit eine Bewertung oder einen Kommentar zu den Apps abzugeben, die sie auf Ihrem Gerät installiert haben. Hierzu wählt der Benutzer die App im Bereich „Downloads" aus und lässt sich die Informationen anzeigen. Im oberen Teil der Details befindet sich dann die Bewertungsmatrix. Gewertet wird mittels der Vergabe von Sternen, wobei zwischen einem und fünf Sterne ausgewählt werden kann. Nach der Bewertung einer App hat der Benutzer zusätzlich die Möglichkeit einen Kommentar zu seiner Bewertung abzugeben. Die Bewertung der Applikationen im App Store ist analog zu der Bewertungsmatrix bei der Android-Variante. Auch hier wird dem User die Möglichkeit gegeben eine App mit bis zu fünf Sternen zu Bewerten und in Verbindung mit der Bewertung einen Kommentar zu der App für die Benutzer des Stores zur Verfügung zu stellen.

Die wichtigsten Unterschiede in der Bewertung sind, dass bei Android nur die Apps bewertet werden können, die tatsächlich auf dem Gerät installiert sind und bei Apple alle zur Verfügung stehenden. Bis auf die Tatsache, dass die Bewertungen beim App Store mit einer Überschrift versehen werden können unterscheidet sich die Art der Bewertung nicht. Beide Stores erhalten daher 10 Punkte.

3.4.3   Auswahl an Applikationen

3.4.3.1 Arten

Über den Android Market stehen sowohl kostenlose, als auch kostenpflichtige Apps zur Verfügung. Es werden Anwendungen und Spiele unterschieden. Derzeit sind 80,8 % der erhältlichen Applikationen für den Market Anwendungen und die restlichen 19,2 % Spiele.[28]

Im App Store stehen ebenfalls kostenlose und kostenpflichtige Applikationen zur Verfügung, die sich wiederrum in Spiele und Anwendungen unterteilen lassen. Der Anteil an Spielen lag im Dezember 2010 bei 14,27 %.[29]

Beide Alternativen sind identisch und erhalten daher 10 Punkte.

3.4.3.2 Menge und Kosten

Laut AndroLib stehen derzeit geschätzte 230.000 Apps für den Android Market zur Verfügung.[30] Der Anteil der kostenpflichtigen Apps liegt bei 32,7 %. Der Anteil an kostenlosen Apps demnach bei 67,3 %.[31]

---

[28] Vgl. AndroLib.com - Distribution of Apps and Games in Android Market (2011)
[29] Vgl. 148Apps.biz - Count of Active Applications in the App Store (2011)
[30] Vgl. AndroLib.com - Android Application Statistics (2011)
[31] Vgl. AndroLib.com - Distribution of free and paid apps in Android Market (2011)

Für den App Store stehen derzeit 333.972 aktive Apps zur Verfügung.[32] Von den verfügbaren Apps sind 33,78 % kostenlos erhältlich, der Rest ist kostenpflichtig.

Der App Store bietet eine größere Auswahl an Apps, als die Lösung von Android. Beim Android Market gibt es allerdings einen wesentlich größeren Anteil kostenloser Programme, so dass beide Alternativen 8 Punkte erhalten.

3.4.4 Bezahlkonzept

Die kostenpflichtigen Applikationen des Android Market lassen sich ausschließlich per Kreditkarte erwerben.

Beim App Store gibt es neben der Möglichkeit die Applikationen per Kreditkarte zu bezahlen noch zwei weitere Möglichkeiten der Bezahlung. Die erste hiervon besteht aus einer Kaufabwicklung per Click & Buy" über den iTunes Store. Bei dieser Variante der Zahlung werden die anfallenden Kosten dann direkt von Bankkonto des Kunden abgebucht. Die zweite Methode der Bezahlung ist über einen iTunes Gutschein. Dieser kann in vielen Geschäften gekauft werden und verhält sich wie eine PrePaid Karte für Mobiltelefone.

Beim Kriterium Bezahlkonzept erhält der Android Market aufgrund der starken Einschränkungen 4 Punkte und der App Store 10 Punkte.

3.4.5 Besonderheiten

Der App Store ist nicht nur über das Mobiltelefon verfügbar, sondern kann auch über iTunes genutzt werden. So kann ein Benutzer Applikationen kaufen und diese dann bei der Synchronisation des Handys mit dem PC auf das Gerät übertragen und dann nutzen.

Für diese Besonderheit erhält der App Store 10 Punkte. Der Market hingegen bekommt 0 Punkte, da er keine Features aufweist.

---

[32] Vgl. 148Apps.biz - Count of Active Applications in the App Store (2011)

3.5 Auswertung

Ziel	Gewichtung	App Store	App Store gewichtet	Android Market	Android Market gewichtet
Anmeldung und Zugang	10 %		1		1
Summe	100 %	10	10	10	10
Oberfläche	25 %		2,125		2,175
Präsentation / Übersichtlichkeit	50 %	7	3,5	9	4,5
Kategorien	10 %	10	1	7	0,7
Suche	25 %	10	2,5	8	2
Bewertung / Kommentare	15 %	10	1,5	10	1,5
Summe	100 %		8,5		8,7
Auswahl an Applikationen	30 %		2,58		2,58
Arten	30 %	10	3	10	3
Menge und Kosten	70 %	8	5,6	8	5,6
Summe	100 %		8,6		8,6
Bezahlkonzept	25 %		2,5		1
Summe	100 %	10	1	4	0,4
Besonderheiten	10 %		1		0
Summe	100 %	10	1	0	0
	Summe		9,205		6,755

Abbildung 10: Auswertung

Die Auswertungsmatrix lässt erkennen, dass der App Store den Anforderungen am ehesten gerecht wird. Mit einem Ergebnis von 92,05 von 100 Punkten gegenüber den 67,55 Punkten des Android Market sollte sich der Benutzer aus der Problemstellung also für das iPhone 4 entscheiden.

In den meisten Punkten sind die beiden Alternativen sich sehr ähnlich oder gar identisch und es ist kaum ein Unterschied feststellbar. In einigen Punkten ist der Android Market sogar besser aufgestellt als die Alternative von Apple, was aber dennoch nicht zu einem besseren Gesamtergebnis geführt hat.

Der Hauptgrund für den großen Unterschied der beiden Alternativen liegt im Punkt Bezahlkonzept. Aufgrund der verschiedenen Möglichkeiten die Apple hier an dieser Stelle bietet, hat der App Store hier ganz klar einen Vorteil gegenüber dem Android Market.

4 Zusammenfassung und Fazit

Die Nutzwertanalyse hat gezeigt, dass der App Store dem Android Market unter der gegebenen Zielsetzung überlegen ist. Die Zielsetzung ist allerdings kein vollständiger Vergleich und demnach auch keine allgemeingültige Empfehlung.

Was im Rahmen der Arbeit auffiel, ist dass der App Store wesentlich ausgereifter und kommerzialisierter ist als der Android Market. Denn trotz gleicher Möglichkeiten der beiden Alternativen, können Apps im Android Store, nur per Kreditkarte bezahlt werden. Beim App Store hingegen gibt es neben der Kreditkartenzahlung, auch eine Möglichkeit per Bankeinzug oder per Gutschein zu bezahlen. Die Ursachen für dieses ausgereifte Zahlungssystem, liegen sehr wahrscheinlich in der starken Verknüpfung zu iTunes. Hier hat Apple durch den Vertrieb von Musik und anderen Medien bereits ein entsprechendes Vertriebssystem als Grundlage für den Store nutzen können.

Um eine Allgemeingültigkeit des Ergebnisses zu erreichen, müsste das Zielsystem um einige wesentliche Faktoren wie das Entwickeln und den Vertrieb von Apps mittels der Stores erweitert werden. Dieses Vorgehen hätte mit großer Sicherheit noch einmal grundlegenden Einfluss auf das Resultat.

Alternativ hierzu können die vorliegenden Ergebnisse mittels einer Sensitvitätsanalyse noch einmal im Einzelfall betrachtet und so ein individueller Nutzen aus den Ergebnissen gezogen werden. Durch das Verschieben der Gewichtungen könnte dann auch die Alternative Android Market einen höheren Nutzwert erzielen.

Abschließend bleibt es abzuwarten, ob der Android Market sich bezüglich des Bezahlkonzeptes, noch einmal an die Anforderungen der Benutzer anpassen wird und damit auch mehr Möglichkeiten schafft größere Marktanteile zu erlangen.

Quellen- und Literaturverzeichnis

Android Developers - Android Market: Now available for users. (22. 10 2008). Abgerufen am
06. 01 2011 von Android Developers - Android Market: Now available for users:
http://android-developers.blogspot.com/2008/10/android-market-now-available-for-users.html

Apple.com - iPhone 3G on Sale Tomorrow. (10. 07 2008). Abgerufen am 06. 01 2011 von
Apple.com - iPhone 3G on Sale Tomorrow:
http://www.apple.com/pr/library/2008/07/10iphone.html

Chip.de - Android Market: Der Web-Shop fürs Google-Handy. (26. 10 2008). Abgerufen am
06. 01 2011 von Chip.de - Android Market: Der Web-Shop fürs Google-Handy:
http://www.chip.de/news/Android-Market-Der-Web-Shop-fuers-Google-Handy_33357724.html

148Apps.biz - Application Price Distribution. (29. 01 2011). Abgerufen am 29. 01 2011 von
148Apps.biz - Application Price Distribution: http://148apps.biz/app-store-metrics/?mpage=appprice

148Apps.biz - Count of Active Applications in the App Store. (29. 01 2011). Abgerufen am 29.
01 2011 von 148Apps.biz - Count of Active Applications in the App Store:
http://148apps.biz/app-store-metrics/?mpage=appcount

AndroLib.com - Android Application Statistics. (26. 01 2011). Abgerufen am 26. 01 2011 von
AndroLib.com - Android Application Statistics:
http://www.androlib.com/appstats.aspx

AndroLib.com - Distribution of Apps and Games in Android Market. (29. 01 2011).
Abgerufen am 29. 01 2011 von AndroLib.com - Distribution of Apps and Games in
Android Market: http://www.androlib.com/appstatstype.aspx

AndroLib.com - Distribution of free and paid apps in Android Market. (29. 01 2011).
Abgerufen am 29. 01 2011 von AndroLib.com - Distribution of free and paid apps in
Android Market: http://www.androlib.com/appstatsfreepaid.aspx

Apple Developer - iOS Developer Program. (06. 01 2011). Abgerufen am 06. 01 2011 von
Apple Developer - iOS Developer Program:
http://developer.apple.com/programs/ios/distribute.html

Apple.com - Apps For iPhone. (06. 01 2011). Abgerufen am 06. 01 2011 von Apple.com -
Apps For iPhone: http://www.apple.com/iphone/apps-for-iphone/

Heise.de - Zehnmilliardster App-Download in Apples App Store. (23. 01 2011). Abgerufen am
26. 01 2011 von Heise.de - Zehnmilliardster App-Download in Apples App Store:
http://www.heise.de/newsticker/meldung/Zehnmilliardster-App-Download-in-Apples-App-Store-Update-1175127.html

Wikipedia - Android Market. (06. 01 2011). Abgerufen am 06. 01 2011 von Wikipedia -
Android Market: http://de.wikipedia.org/wiki/Android_Market

Wikipedia - AppStore. (06. 01 2011). Abgerufen am 06. 01 2011 von Wikipedia - AppStore: http://de.wikipedia.org/wiki/App_Store

Adam, D. (1996, 4. Auflage). *Planung und Entscheidung: Modelle, Ziele, Methoden; mit Fallstudien und Lösungen.* Wiesbaden: Betriebswirtschaftlicher Verlag Dr. Th Gabler GmbH.

Götze, U. (2008). *Investitionsrechnung: Modelle und Analysen zur Beurteilung von investitionsvorhaben, 6. Auflage.* Berlin, Heidelberg: Springer Verlag.

Litke, H.-D. (2007). *Projektmanagement: Methoden, Techniken, Verhaltensweisen, Evolutionäres Projektmanagement, 5.,erweiterte Auflage.* München: Carl Hanser Verlag.

Schreiner, F. (2002). *Die Nutzwertanalyse als Instrument des Controlling.* Norderstedt: Books on Demand GmbH.

Zangemeister, C. (1972). *Nutzwertanalyse in der Systemtechnik – Eine Methodik zur multidimensionalen Bewertung und Auswahl von Projektalternativen. Diss. Techn. Univ. Berlin 1970, 2. Aufl.,.* München: Wittemann.